ALGER

ET

LE CONSEIL GÉNÉRAL DU VAR.

ALGER

ET

LE CONSEIL CÉNÉRAL DU VAR.

PAR

M. EMMANUEL-POULLE,

MEMBRE DE LA CHAMBRE DES DÉPUTÉS.

(DÉCEMBRE 1838.)

PARIS,

IMPRIMERIE DE A. HENRY,

8, RUE GIT-LE-COEUR.

1838.

Après les questions d'honneur national , se présentent celles d'économie politique , d'agriculture , de douanes, de produits, d'échanges et d'industrie (p. 15).

———

Une nation qui possède sur son sol, des produits auxquels elle ne peut que difficilement trouver des débouchés, agirait sans discernement, si elle s'imposait des sacrifices pour obtenir les mêmes produits dans ses colonies (p. 26.').

———

En règle générale, un Gouvernement ne doit encourager dans ses colonies que les productions qui ne prospèrent pas sur le sol de la métropole et qui peuvent être l'objet d'un échange, au lieu de créer une concurrence (p. 26.).

———

Chose singulière et qui mérite de fixer notre attention !!... Nous voyons, au milieu du ixe siècle, les Sarrasins du nord de l'Afrique, faire une irruption sur les côtes de France , et être tellement frappés de la richesse et de la fertilité du sol , qu'ils renoncent à l'Afrique pour s'établir militairement dans la Provence et les pays voisins où ils exercent leur domination pendant près de cent cinquante ans... et aujourd'hui, c'est nous qui, séduits par les avantages que nous croyons trouver dans la fécondité du sol africain, voulons nous livrer à toutes les chances de la colonisation (p. 51.).

———

CHAPITRE PREMIER.

VŒU DU CONSEIL GÉNÉRAL DU VAR DANS LA SESSION DE 1838, SUR LES POSSESSIONS FRANÇAISES DU NORD DE L'AFRIQUE.

S'il est une question qui ait besoin d'un sérieux et profond examen, et qui préoccupe d'autant plus l'opinion publique, que, depuis huit ans, elle n'a pas encore reçu de solution claire et précise, c'est la question d'Afrique, ou plutôt du système à suivre en Afrique.

Un seul point se trouve placé hors de toute

discussion. Alger doit pour toujours apparte-
nir à la France.

Personne ne veut l'abandon d'Alger. Personne n'oserait le proposer.

La conservation de la conquête est devenue
une nécessité pour la France. L'intérêt politique, la dignité du pays, nous commandent
aujourd'hui la possession du nord de l'Afrique.
Si nous abandonnions la régence, une autre
puissance européenne viendrait peut-être s'en
emparer. Nous ne serons jamais condamnés à
voir flotter sur les murs d'Alger, un autre drapeau que le drapeau français.

On rencontre dans la vie des peuples, des
événements qu'il ne faut point juger et appré-
cier d'après des calculs purement financiers.
La question politique domine souvent la question d'argent. C'est au profit de l'avenir que
le temps présent est grevé. L'intérêt du moment s'efface et disparaît, lorsqu'une nation
s'impose des sacrifices pour étendre et conso-
lider sa puissance.

La possession de plus de deux cents lieues

de côtes voisines de la France, de l'Italie, de la Grèce et de l'Espagne, non loin de Gibraltar et de Malte, sur une mer où doivent s'agiter et se résoudre les plus grandes questions de l'Europe et du monde, le développement de notre marine militaire, son influence agrandie dans les affaires d'Orient, le mouvement commercial imprimé à notre marine marchande, l'accroissement du nombre de nos matelots, des positions militaires importantes, une vaste étendue de pays, la destruction de la piraterie, la sécurité de notre commerce extérieur, des ports nombreux en face du plus riche de nos arsenaux, et de la plus florissante de nos villes de commerce, ce sont là des considérations si puissantes et si élevées, qu'elles exercent une sorte de prestige sur nos esprits, et qu'elles finissent par séduire, subjuguer et entraîner un grand peuple.

Mais la question du système à suivre en Afrique n'a pas encore obtenu de solution ; et, malgré tant d'écrits qui ont été publiés, tant de discours qui ont été prononcés à la tribune des deux Chambres, malgré huit années d'investigations, le Gouvernement n'est pas même fixé, aujourd'hui, sur la marche qu'il doit adopter.

M. le Président du conseil s'exprimait en ces termes à la Chambre des Pairs, dans la séance du 5 juillet dernier : « Deux sys-
» tèmes ont été présentés à la tribune de
» la Chambre des Députés, la colonisation
» militaire et la colonisation civile. Nous ne re-
» jetons ni l'une ni l'autre; je citerai une au-
» torité fort grave à mes yeux, celle de notre
» gouverneur général. Ces deux systèmes lui
» paraissent devoir être essayés, mais non pas
» en grand, et de manière à entraîner des dé-
» penses trop considérables. L'essai devra se
» faire sagement, graduellement. C'est ce qui
» va devenir, durant l'intervalle des sessions,
» l'objet de notre constante étude. »

Le Gouvernement en est encore à faire des essais !.... nous l'avons vu, après la prise de Constantine, adopter, quant à la faculté accordée aux Français d'acquérir des propriétés dans la régence, un système entièrement contraire à celui qu'il avait suivi après la prise d'Alger.

On ne s'entend plus, lorsqu'on discute le mode d'occupation.

Les uns veulent une occupation purement militaire.

Les autres soutiennent que la colonisation en Afrique doit être effectuée au moyen des indigènes, et que le meilleur système à suivre consiste dans une occupation pacifique, sagement et lentement progressive, ayant surtout pour base le respect des propriétés, des usages, des mœurs, de la religion et des lois des habitants.

Il en est qui demandent purement et simplement l'exécution du traité de la Tafna en appelant de toutes les parties de l'Europe des cultivateurs dans la régence.

Il en est qui indiquent les grandes compagnies comme devant entreprendre les défrichements et la colonisation, de préférence au Gouvernement, tandis que d'autres pensent que le Gouvernement seul doit faire les frais de la colonisation.

Ceux-ci prétendent que l'occupation doit se borner à quelques places du littoral.

Ceux-là ne veulent garder qu'Alger en creusant un port de mer.

Nous avons vu il y a deux ans un honorable Pair, rapporteur du budget des finances, soutenir, au nom de la Commission dont il était l'organe, que l'honneur et la dignité de la France exigent qu'elle fasse d'Alger, non pas une colonie, mais une province, dans le sens que les Romains donnaient à ce mot, c'est-à-dire qu'elle y jette enfin les bases d'une nationalité future.

Un général qui, par la victoire de la Sicka et le traité de la Tafna, a acquis des droits à la reconnaissance du pays, a proposé l'établissement d'une colonisation militaire.

Le gouverneur actuel d'Alger veut faire en même temps l'essai de la colonisation militaire et de la colonisation civile, avant de se prononcer.

D'autres enfin, invoquant l'exemple des

Anglais dans les Indes, désirent que l'on gouverne le pays par le pays.

Au milieu de tant d'avis, de tant de systèmes divers, le conseil général du Var émit, le 29 août 1836, un vœu sur le système à suivre pour l'administration des possessions françaises du nord de l'Afrique.

On prétendit à cette époque, que ce vœu était dicté par des motifs d'un ordre peu élevé, mal entendus, et qu'il était empreint de cet esprit et de cet intérêt de localité qui devaient le rendre suspect.

Ce vœu vient d'être reproduit le 25 août dans la session de 1838. Il est ainsi conçu :

« Le conseil général du Var renouvelle, à
» l'unanimité, le vœu par lui émis en 1836,
» dans les termes suivants : Le conseil géné-
» ral appelle toute l'attention et toute la sol-
» licitude du Gouvernement sur le système à
» suivre pour l'administration des possessions
» françaises du nord de l'Afrique, de telle
» sorte que tout en satisfaisant à ce qu'exi-

» gent la gloire et l'honneur français, ce sys-
» tème ne porte point atteinte aux intérêts
» agricoles du midi de la France. »

Il règne dans l'expression de ce vœu, tant de sagesse au fond, tant de convenance dans la forme, que le Gouvernement ne peut que lui donner son approbation.

Le conseil général du Var pense qu'il ne faut reculer devant aucun sacrifice d'hommes ou d'argent, toutes les fois que la dignité du pays l'ordonnera ; mais il pense aussi qu'après avoir complètement satisfait aux exigences de l'honneur national, le Gouvernement doit veiller à ce que le système d'administration de nos possessions africaines ne porte point atteinte aux intérêts de la Métropole.

Que la colonisation soit civile, ou qu'elle soit militaire, il est juste que tous les intérêts soient pesés et conciliés lorsque le Gouvernement aura fait l'essai qu'il nous annonce.

Quelle demande fut jamais plus légitime que celle-là !!!...... et pourtant elle fut, il y a deux ans, l'objet de vives attaques dans la presse.

Après les questions d'honneur national, se présentent celles d'économie politique, d'agriculture, de douanes, de produits, d'échanges et d'industrie.

Membre du conseil général du Var, je viens soutenir un vœu qui, malgré les reproches qu'on lui a adressés, me paraît être l'expression d'une opinion consciencieuse et éclairée.

Nous sommes arrivés à cette époque, où le Gouvernement, d'après le discours de M. le Président du conseil à la Chambre des Pairs, le 5 juillet 1838, fait de la colonisation l'objet d'une étude continuelle.

Parmi les nombreux avantages que nous devons au Gouvernement représentatif et qui lui donnent une supériorité incontestable sur tous les autres, il faut comprendre en première ligne, le droit qu'ont tous les citoyens d'examiner les affaires qui intéressent le pays. On conçoit combien les lois doivent exercer de l'empire, là où chacun a la faculté de publier son opinion pour éclairer les grands pouvoirs de l'État. La liberté de discussion est une des plus belles conquêtes de la civilisation. C'est du choc des opinions, que jaillit la vérité.

Jamais le moment ne fut plus favorable pour présenter des observations sur la colonisation soit civile, soit militaire, puisque le Gouvernement ne rejette ni l'une, ni l'autre. Je désire que celles que je vais soumettre à la sagesse des hommes appelés à prononcer sur cette importante question leur donnent la conviction que c'est l'intérêt de la France et non de telle ou telle province, qui m'anime dans la discussion rapide à laquelle je vais me livrer.

Je suis pénétré de cette vérité que les partisans les plus sincères de la conservation de la Régence, sont ceux qui désirent que cette conservation ne soit pas onéreuse au pays, ou le soit le moins possible.

Il n'entre pas dans mes idées de traiter la question politique. Elle a déjà fait l'objet de nombreux écrits.

C'est la question d'agriculture et de colonisation, c'est le système d'administration qui attireront exclusivement mon attention.

Ces questions ont entre elles les plus grands rapports et finissent quelquefois par se confondre.

CHAPITRE II.

—

———

Le département du Var est situé en face de l'ancienne Régence.

Le climat de la côte septentrionale de l'Afrique diffère fort peu de celui de la Provence et de la Corse.

Les produits agricoles du sol de la Régence

peuvent être énumérés et résumés de la manière suivante :

Culture des céréales.

Culture de la vigne.

Culture de l'olivier.

Culture du mûrier.

Culture du figuier et de l'oranger.

On voit que ces produits sont les mêmes que ceux de la Corse, de la Provence et du Languedoc (1).

Si nous consultons l'histoire ancienne ou l'histoire moderne, nous verrons que l'Afrique septentrionale a toujours été d'une grande fécondité pour les céréales, pour la vigne et pour l'olivier.

La Numidie exportait pour la nourriture de l'Italie et des armées romaines une grande quantité de grains et d'autres produits du sol (2).

---

(1) *M. Henri Laure, Cours d'Agriculture pour le midi de l'Europe et le nord de l'Afrique.*

(2) Tite-Liv. xlv. — Polyb., xxxvii, 3. — Sallus., *bell. jug.*

Cette terre, dit Pline, est l'Empire de Cérès. Les moissons suffisent à sa gloire (1).

La fertilité est si grande d'après Strabon, que la terre produit de très-belles moissons avec de petites cultures.

La vigne croît partout jusqu'à mille mètres d'élévation au-dessus de la mer. Cette plante est dans toute la Régence d'une belle venue, et donne une grande quantité de raisins excellents : on en trouve qui sont d'une grosseur prodigieuse.

A Oran, dans la cour de la nouvelle Casbah, il existe une des plus belles vignes que l'on puisse trouver. C'est un seul pied planté à côté d'une fontaine. Son diamètre est de huit pouces six lignes. Les branches forment une treille qui couvre un espace de quarante-cinq pieds de long, sur vingt-cinq de large. J'y ai compté, dit Rozet, mille grappes de raisin, dont chacune pesait plus de deux livres (2).

Pline vante les vignes de Tacapé qui pro-

_____

(1) Pline, liv. xv, chap. 3. — Strabon, liv. xvii.— Dureau de la Malle, pag. 69.

(2) *Province de Constantine*, par Dureau de la Malle. — *Histoire d'Alger*, par Rozet.

duisaient ordinairement deux fois l'année (1).

L'olivier croît dans toutes les parties du territoire d'Alger.

Le plus bel arbre de la Régence , celui qui donne les meilleurs fruits , et en plus grande quantité, est l'oranger. On le trouve sur toutes les collines du littoral.

Ce qu'on appelle , à Bone , les jardins de Saint-Augustin , situés à un mille de l'ancienne Hippone, sont, dit Hébenstreit , des allées bien alignées de jujubiers , de mûriers , d'amandiers, de citronniers, de figuiers et d'orangers (2).

Tous les animaux domestiques que nous possédons, le bœuf, le cheval , l'âne , le mulet , la chèvre, la brebis, etc., etc., se trouvent dans l'Afrique septentrionale (3)

Si nous ouvrons les procès-verbaux de la Commission envoyée en Afrique par le Gouvernement , en septembre 1833 , nous y ver-

(1) Pline, xvi, 50, 1. ii, p. 20. — Dureau de la Malle, p. 189.
(2) *Nouvelles Annales des Voyages,* t. xii, p. 66.
(3) Dureau de la Malle , p. 89.

rons que tous les renseignements qu'elle a recueillis, aboutissent à cette certitude que les produits de l'Afrique septentrionale sont semblables à ceux que nous possédons dans l'est et dans le midi de la France.

Nous lisons dans les procès-verbaux de la Commission envoyée en Afrique, les passages suivants.

Toutes les cultures ne peuvent convenir au pays. Les cultures européennes réussiront le mieux. Quant à celles intertropicales, elles ne présentent que peu d'espérance (1).

Le massif d'Alger est propre à la petite culture de Provence, c'est-à-dire aux plantations de mûriers, d'oliviers entremêlées d'une petite quantité de céréales ou de fourrages.... Les propriétés qui rendront le plus seront celles plantées d'oliviers ou de mûriers (2).

« L'indigo ne réussit pas sur le massif d'Al-
» ger; on peut, à la première vue, comparer,
» pour le principe colorant, l'indigo obtenu
» à Alger à celui du Bengale, et on sent

(1) Proc.-verb., p. 205.
(2) Proc.-verb., p. 214.

» qu'il est impossible de lutter avec l'Inde (1). »

« *Vouloir rechercher la principale richesse*
» *d'Alger dans la production des denrées colo-*
» *niales, serait une grosse erreur. La France se les*
» *procurera probablement longtemps, et peut être*
» *toujours, à meilleur marché, qu'en s'attachant*
» *à les produire elle-même* (2). »

« Parmi les arbres qui réussiront, il faut pla-
» cer en première ligne l'olivier et le mûrier.
» On pourrait cultiver aussi l'amandier, le
» pistachier, l'orme, le frêne, le hêtre, le
» chêne ordinaire, le chêne vert, le chêne
» liége, le platane, le peuplier sur les cours
» d'eau, le châtaiginer, le caroubier, le noyer,
» le pêcher, l'abricotier. Le cerisier originaire
» d'Asie s'acclimaterait sûrement en Afri-
» que (3). »

La vigne réussirait, mais on ne pense pas qu'il
soit de l'intérêt de la France de la cultiver à
Alger (4).

(1) Procès-verbal de la Commission.
(2) Rapport de la Commission sur la colonisation.
(3) Proc.-verb., p. 205.
(4) Proc.-verb., p. 206.

La culture de la vigne ne doit pas être au nombre de celles encouragées par le Gouvernement (1).

Il est évident, en effet, que la culture de la vigne dans le territoire de la Régence, porterait un grave préjudice aux départements vignicoles de l'est et du midi de la France, et qu'il faudrait bien peu d'années pour établir une concurrence redoutable.

Ce n'est pas l'intérêt du moment qu'il faut considérer, puisque les vins de France sont aujourd'hui transportés en Afrique et consommés par notre armée. Mais si la culture de la vigne prenait quelques développements, les vins de la colonie viendraient (comme le prouve l'enquête de la Commission d'Afrique) faire concurrence aux vins de la métropole.

Combien ne serait-il pas à déplorer, alors, que tant de sacrifices en hommes et en argent n'aboutissent qu'à appauvrir les produits des départements vignicoles.

Nous ne saurions trop le répéter, et c'est là

(1) Proc.-verb., p. 209.

un principe d'économie politique, qui nous
paraît incontestable :

Une nation qui possède sur son sol des
produits auxquels elle ne peut que difficilement
trouver des débouchés, agirait sans discernement si elle s'imposait des sacrifices pour obtenir les mêmes produits dans ses colonies.

En règle générale, un Gouvernement ne
doit encourager dans les colonies que les produits qui ne prospèrent pas sur le sol de la
métropole et qui peuvent être l'objet d'un
échange au lieu de créer une concurrence.

Au reste, la logique des faits est la plus
puissante. Car les faits ont plus d'autorité que
les paroles. Ce qui se passe aujourd'hui dans
nos colonies, par suite de l'extension qu'a re-
çue en France la fabrication du sucre de bette-
rave, démontre combien la similitude des produits entre la colonie et la métropole peut entraîner de mal aise et même de perturbation
dans un Empire.

Nous donnerons plus de développement à
cette question dans le chapitre suivant.

CHAPITRE III.

—

COLONISATION.

———

Le principal élément de succès en fait de colonisation, existe lorsque la métropole trouve dans la colonie des produits différents de ceux qu'elle possède elle-même.

C'est ainsi que la Hollande allait chercher

dans ses colonies les productions que son sol lui refusait.

C'est ainsi que l'Angleterre retire des Indes toutes les denrées tropicales qu'elle ne peut produire chez elle.

Les colonies et la métropole obtiennent des avantages certains dans un échange constant et réciproque de leurs produits. On peut dire, avec raison, que l'échange est le lien qui unit les deux pays, les vivifie, et accroît leur prospérité en multipliant la consommation de leurs produits respectifs.

Ce lien tend, au contraire, à s'affaiblir peu à peu et à se relâcher entièrement, lorsque les échanges deviennent plus rares et, plus tard, impossibles, à cause de l'opposition qui se manifeste dans les intérêts agricoles ou industriels de la métropole et de la colonie.

Ces principes d'économie politique se traduisent par l'axiome si connu : *On n'achète des produits qu'avec des produits.*

Montesquieu avait résumé ces principes en citant l'exemple des Antilles.

Nos colonies des Antilles, dit-il, sont admira-bles ; elles ont des objets de commerce que nous n'avons , ni ne pouvons avoir ; elles manquent de ce qui fait l'objet du nôtre. (Esprit des Lois, liv. **21**.)

Nous sommes prêts à souscrire à tous les sacrifices qui nous seront imposés , si les denrées , si les produits que la colonisation civile ou militaire nous fera retirer de nos possessions d'Afrique , ouvrant une nouvelle carrière à notre commerce , tendent à nous délivrer des tributs que nous payons aux peuples de l'Inde et de l'Amérique.

Mais nous avons prouvé, dans le chapitre précédent , que les productions de la Régence sont les mêmes que celles de l'est, et surtout du midi de la France. Les auteurs de tous les plans de colonisation ne parlent eux-mêmes que de produits agricoles que nous possédons déjà. Le principal devoir du Gouvernement est donc de veiller à ce que les deniers des contribuables de France ne soient pas employés à faire , en Afrique, des cultures et des plantations qui réussissent et prospèrent dans la métropole , et dont nous couvririons la surface de plusieurs de nos départements, si l'on nous donnait une partie des encouragements que l'on propose pour les colons d'Alger.

Que la moitié, que le quart des avantages que M. le général Bugeaud destine aux soldats colons soient accordés aux cultivateurs de la Provence, du Languedoc et de la Corse, et le sol de ces trois provinces se couvrira bientôt de vignes, de mûriers, d'oliviers..., et, certes, jamais l'Arabe ne viendra placer sa torche ou sa coignée au pied de ces plantations.

Ce n'est point ici une exagération à laquelle nous nous livrons, car nous pouvons invoquer l'opinion de M. Bugeaud lui-même, qui soutient, dans son mémoire sur Oran, *qu'il n'y a pas de département en France qui ne puisse doubler ses produits* (1).

La Commission d'Afrique avait énuméré les avantages que les colons devaient recevoir du Gouvernement pour faire prospérer la colonie. Il s'agissait de l'exemption de tout impôt pen-

(1) Mémoire sur Oran, p. 22.

dant plusieurs années, de la concession des terres, de la création des routes et des communications, du desséchement des marais, de divers encouragements pour les plantations d'arbres, etc., etc.

M. le général Bugeaud, dont nous allons discuter, en peu de mots, le système de colonisation militaire, demande que l'on fasse bien d'autres sacrifices pour les soldats-colons; il veut qu'on donne, à chaque bataillon de six cents hommes, les fonds nécessaires :

1°. Pour la construction d'un village ;

2°. Pour l'armement, les munitions, l'habillement, la solde, les vivres de campagne ;

3°. Pour douze cents vaches ;

4°. Pour cent vingt-huit bœufs de labour ;

5°. Pour soixante-quatre charrues bédouines perfectionnées ;

6°. Pour deux cent quarante brebis ;

7°. Pour soixante-quatre juments ;

8°. Pour cent vingt-huit tentes bédouines.

Dans le paragraphe IX, figurent les dépenses

imprévues , et ce chapitre finirait ; cèrtaine ment, par être plus important que tous les autres.

Nous ne parlons pas ici de la concession des terres , etc.

Malgré tous ces avantages , l'auteur du système de colonisation militaire n'éprouve qu'une seule crainte , *c'est de ne pas promettre assez aux colons.*

Il est inutile d'ajouter que M. le général Bugeaud pousse la sollicitude si loin, à l'égard des soldats-colons, que, voulant leur faciliter les moyens de se marier , il propose de leur donner pour épouses , les femmes qui sé trouvent dans nos maisons de repentir , et qui, *souvent, n'y ayant été que par une seule erreur , peuvent devenir de très-bonnes mères dé famille* (1).

Et pourquoi toutes ces dépenses de colonisation ?..

(1) Mémoire sur notre établissement dans la province d'Oran, p. 41.

Croyez-vous que ce soit pour retirer de l'A-
frique des produits qu'on ne trouve point en
France? M. le général Bugeaud va vous dé-
tromper.

« Nous obtiendrons, dit-il, du blé en abon-
» dance et du bétail dans peu de temps. Mais,
» quant au mûrier, à l'olivier et au coton, ils ne
» peuvent arriver qu'après que les colons pro-
» duiront les choses indispensables à la vie.
» L'huile, la soie et le coton ne sont que la
» conséquence d'une agriculture avancée (1). »

Admettons que les espérances conçues par
M. le général Bugeaud se réalisent, et qu'après
des sacrifices immenses, dont la durée et l'é-
tendue ne peuvent être appréciées, l'agriculture de la colonie soit dans l'état le plus floris-
sant, que les villages soient bâtis, les grandes
routes construites, les marais desséchés, et
que la terre africaine, entièrement assainie,
recouvre son ancienne fécondité..... Mais par

(1) De l'établissement de légions de colons militaires,
p. 7.

cela même, les produits similaires de la France seront écartés de la consommation.

Assurément, ce ne seront pas les Arabes qui consommeront nos produits. Nous ne savons que trop qu'ils n'ont aucun de nos besoins. Les preuves abondent partout et les procès-verbaux de la Commission d'Afrique nous apprennent que, *pour la population indigène, les principaux objets de consommation sont les tissus de côton, pour lesquels même il nous est impossible de soutenir la lutte avec les Anglais que nous aurions tort de laisser plus longtemps maîtres de ce débouché* (1).

Toutes les années, des réclamations sont adressées au Gouvernement de la part des producteurs de céréales qui se plaignent de ce que la minimité du droit perçu sur les blés qu'on importe en France ne leur permet pas de soutenir la concurrence avec les blés étrangers.

Les départements vignicoles ne cessent de

(1) Proc.-verb. de la Com. d'Af., p. 175.

faire entendre leurs doléances sur ce qu'il n'existe pas de débouché pour leurs vins.

On sait que, dans un département voisin de la Dordogne, ces plaintes avaient fini par dégénérer en menaces.

On sait aussi que ce ne sont point les producteurs qui nous manquent, mais les consommateurs.

L'auteur du projet de colonisation militaire a montré la plus vive sollicitude pour l'agriculture française, qui est bien éloignée d'avoir obtenu les améliorations auxquelles elle peut prétendre. L'honorable général disait, fort justement selon nous, dans la séance du 25 mai 1838, « Que nos hommes d'État avaient » enfin senti que l'agriculture était la base » de toutes les prospérités nationales, de tous » les progrès matériels et moraux, et que » tant que l'agriculture resterait en arrière, » il y aurait peu ou pas de progrès à espérer » des autres industries.

» Nous avons malheureusement commencé » s'écriait-il, par où il fallait finir. Nous avons

» beaucoup encouragé l'industrie, et l'agri-
» culture est restée en arrière. C'était par l'a-
» griculture qu'il fallait commencer. . . . . . .
» M. le Ministre me permettra de lui dire que,
» pour faire prospérer l'agriculture, il ne
» suffit pas de développer l'instruction, il
» faut aussi protéger, et avant tout, la vente
» de ses produits. »

C'est à la suite de ces observations pleines de force et de vérité, que l'honorable général proposa et obtint, dans le budget de 1839, une augmentation de trois cent mille francs, à titre d'encouragement pour l'agriculture.

Eh bien! les sommes considérables que M. Bugeaud demande pour la colonisation militaire, ne tendent à rien moins qu'à aggraver la situation de l'agriculture française, puisque l'impôt qui sera perçu pour cultiver la vigne, l'olivier, le mûrier, le blé en Afrique, sera payé par celui qui cultive en France, la vigne, l'olivier, le mûrier, les céréales : et l'agriculteur qui, en France, ne peut, faute de moyens, acheter et nourrir du bétail, fournira sa contribution pour que le colon de la Régence reçoive gratuitement des bœufs et des chevaux.

Voyez en deux mots l'énorme différence qui existerait au préjudice de l'agriculture française. Au lieu d'obtenir des encouragements pour certaines cultures et certaines plantations en France, elle serait obligée de supporter les dépenses que les mêmes cultures et les mêmes plantations entraîneraient en Afrique.

C'est à plus de deux mille francs pour chaque colon que M. le général Bugeaud évalue dans cinq ans la dépense que devra s'imposer le pays. Or, s'il y a cinquante mille colons, la dépense, dans cinq ans, sera de plus de cent millions pour la colonisation seulement. Nous n'hésitons pas à le dire, les conditions de la production seraient tellement onéreuses, que l'intérêt bien entendu de la France exige que l'on renonce à un pareil système, puisqu'avec la moitié, le quart même de tant de sacrifices, on obtiendrait des résultats beaucoup

plus avantageux et beaucoup plus solides dans
plusieurs de nos départements méridionaux.

Il ne serait pas nécessaire en France, pour
cultiver la vigne, le mûrier, l'olivier et les céréales, de construire des villages, des caser-
nes, des ponts ; de créer des routes, des ca-
naux ; d'assainir de vastes régions ; de plan-
ter, de coloniser, de bâtir en même temps,
comme autrefois le peuple d'Israël, une épée
dans une main, et une truelle, ou un instru-
ment d'agriculture dans l'autre.

Un homme, dont le nom est une autorité
en agriculture, a dit et démontré que le sol
n'acquiert de valeur que par les capitaux
qu'on lui applique, et qu'en général l'accroissement de valeur ne représente que les capitaux qui ont été accumulés et immobilisés depuis le moment où l'on a commencé à mettre
les terres en culture.

L'accumulation des capitaux nécessaires
en France pour que chaque hectare arrive à
un état moyen de richesse et de prospérité

agricole, doit s'élever à plus de douze cents francs.

Six cent mille hectares de terres, livrés à la culture, forment la surface moyenne d'un de nos départements, et exigent, par conséquent, pour chaque département, l'application d'un capital de plus de sept cents millions.

Que l'on calcule maintenant combien, non pas de millions, mais de milliards seraient nécessaires au Gouvernement, s'il prenait à sa charge la colonisation de nos possessions africaines.

Croit-on qu'une aussi grande masse de capitaux pût être enlevée à la France, détournée de sa destination ordinaire, et transportée en Afrique, sans compromettre l'avenir de notre prospérité agricole intérieure, et sans jeter une grande perturbation dans nos finances.

Il faut, dit-on, que le Gouvernement mette la main à la colonisation et en fasse les frais.

M. le général Bugeaud méconnaît ici cette vérité, qu'en fait d'entreprises, le Gouvernement est l'entrepreneur le plus dispendieux, et qu'en fait de productions, c'est le plus mauvais producteur.

Chacun doit être convaincu que, dans la construction des villages destinés aux colons, la position militaire obtiendrait la préférence sur les intérêts et les convenances agricoles.

Il est permis de douter que le colon fût à la fois bon soldat et bon cultivateur et qu'il remplît d'une manière satisfaisante et utile les devoirs et les obligations que lui imposent des situations si différentes.

On sent combien seraient onéreuses à la France des constructions sur un sol aride, où les matériaux et les bois surtout sont si rares qu'on est obligé de les demander à la métropole, et dans une contrée où la main-d'œuvre est à un prix extrêmement élevé.

C'est ici le moment de signaler l'erreur dans laquelle est tombée la Commission d'Afrique, lorsqu'elle a inséré dans ses procès-verbaux (1)

(1) Proc.-verb., p. 59.

« Que la Provence était certainement la partie
» de la France qui entretiendrait avec Alger
» les relations les plus fréquentes ; que les ha-
» bitants puiseraient dans ces relations, le
» goût d'une émigration qu'il serait bien d'en-
» courager chez le paysan provençal, sobre,
» laborieux, habitué à un climat chaud, et
» familier aux principales cultures de la Ré-
» gence. Nul travailleur autant que lui ne peut
» être utile aux colons, etc. »

La Provence manque de bras. Elle ne peut
donc fournir des cultivateurs à l'Afrique, ainsi
que le croyait la Commission. La main d'œuvre, dans certains points du département du
Var, est à un prix fort élevé : plus de huit années se sont écoulées depuis la conquête d'Alger, et on ne citerait pas cinquante cultivateurs provençaux qui se soient rendus dans la
Régence pour s'y établir comme colons.

Il existe en Provence une grande étendue
de terres en friche. L'agriculture n'est pas en
progrès. Le système des assolements y est fort
peu pratiqué. Il faudra encore beaucoup de

temps avant que nous soyons parvenus à rendre fécondes les terres qui pourraient le devenir.

Un exemple va donner plus de force à nos
observations.

Cet exemple qui, au premier aspect, semble
renfermer une trop longue digression, n'est
nullement étranger au sujet que nous traitons ;
nous nous convaincrons bientôt qu'il y ren-
tre complétement. Il offrira à nos méditations
des faits dignes d'intérêt. Nous y verrons d'a-
bord que la Provence manque de cultivateurs
et que son sol pourrait nourrir une plus
grande population ; nous y verrons ensuite
que, vers le milieu du neuvième siècle, les peuples du nord de l'Afrique, attirés par la fertilité de notre sol, avaient abandonné leur pays
pour s'établir dans nos provinces méridio-
nales.

Le territoire de Fréjus est un des plus
fertiles de France.

On sait que cette ville fut fondée par Jules

César dont elle porte le nom (1), et qu'elle
a été la patrie d'Agricola , beau-père de Ta-
cite.

Elle renfermait dans son sein une population de plus de quarante mille habitants. Une
légion romaine composée de six mille hommes formait sa garnison. Son port, son aqueduc, son cirque, une immense plaine arrosée
par les eaux de la rivière d'Argent qui y dé-
pose son limon, en avaient fait une ville des
plus considérables de l'Empire romain.

Le port était si vaste qu'il pouvait conte-
nir plus de trois cents bâtiments de guerre.
L'histoire nous apprend qu'après la bataille
d'Actium, Octave Augute envoya dans le port
de Fréjus les trois cents bâtiments conquis
sur Antoine.

Un aqueduc y amenait les eaux de la rivière
de Siague, pendant un espace de dix-huit
lieues environ, à travers mille accidents de
terrain.

1) *Forum Julii.*

Il fallut, à peu de distance de la rivière, séparer en deux une énorme roche , et ouvrir à quinze mètres de profondeur un passage pour les eaux. Ce cañal, dans le roc, a soixante pas de longueur , et l'on reconnaît encore sur les côtés les coups du marteau et les empreintes du fer de l'ouvrier romain.

Tantôt il fut nécessaire de construire des arcades dans les vallées pour conserver le niveau , ou joindre deux petites collines, tantôt on fut obligé d'ouvrir profondément la terre, ou de percer des montagnes et des rochers. C'est après tant de difficultés surmontées, que les eaux arrivaient à Fréjus. Les traces de cet aqueduc vraiment digne de la grandeur romaine existent encore dans les communes de Mons et de Montauroux jusqu'à Fréjus.

Le cirque avait plus de cent cinquante pas de longueur, de la porte orientale à la porte de l'occident. On y voyait en dedans soixante et douze portes. Il pouvait renfermer plusieurs mille spectateurs.

Au milieu du dixième siècle, la ville de Fréjus fut prise et ravagée par les Sarrasins ou Maures qui avaient abandonné la côte septentrionale de l'Afrique pour venir s'établir dans la Provence.

Après diverses tentatives d'invasion qui remontent à l'année 850, les Sarrasins avaient fini par pénétrer dans l'intérieur de la Provence, et par s'emparer d'une partie du pays.

Ils avaient construit un grand nombre de forteresses et de châteaux sur les plus hautes montagnes, et s'étaient rendus maîtres des principales avenues. Ils augmentaient chaque jour leurs possessions dans les provinces voisines. Ils recevaient souvent des secours des Maures d'Espagne et des Sarrasins du nord de l'Afrique. Ces derniers traversaient la Méditerranée pour se joindre à eux; ils en formaient de petites colonies.

Ce fut en l'année 940 que les Sarrasins se rendirent maîtres de Fréjus. Ils livrèrent la ville au pillage et mirent le feu aux quatre portes.

La domination des Sarrasins s'étendait dans le Languedoc, dans le Piémont, dans la Sa-

vóie, et dans l'État de Gênes. Ils étaient devenus la terreur de toutes ces contrées.

Leur quartier général avait été établi au
nord-ouest du golfe de Grimaud, connu des
Romains sous le nom de golfe Sambracitain
(*sinus sambracitanus*), à trois lieues de Saint-
Tropez, au sommet d'une haute montagne ap-
pelée *Fraxinetum*, d'où l'on découvrait la mer,
les Alpes, et une grande étendue de pays.

Ils étaient en communication par le golfe,
avec les Maures d'Espagne et les Sarrasins
d'Afrique. Cette position militaire était d'autant plus importante qu'il n'y avait pas d'autre passage pour se rendre de l'intérieur des
terres au golfe de Grimaud.

Les Sarrasins firent du Fraxinet une redoutable forteresse. Elle passait pour être impre-
nable, et elle était construite sur un immense
rocher qui couronnait la montagne. Une vaste
citerne avait été creusée dans le roc.

Cette forteresse ayant plus de cinq cents
pas de circonférence était entourée de fossés

taillés dans le roc, et au bout de ces fossés se
trouvaient d'effroyables précipices ; au-dessous
de la forteresse principale, et à quelques cents
pas de distance, ils avaient construit un château appelé la Garde. C'est là que se trouve aujourd'hui le village de la *Garde-Freinet*, qui a
pris le nom de la citadelle du Fraxinet, et du
château de la Garde.

Ils protégeaient de ces lieux si élevés les ha-
bitations qui s'étaient groupées autour de la
citadelle et du château de la Garde et qui formaient leurs avant-postes. Comme ils avaient
établi des châteaux et des tours sur les principales montagnes, ils communiquaient, par des
signaux et des feux allumés pendant la nuit,
les nouvelles importantes aux commandants des
postes voisins qui, à leur tour, les communiquaient à d'autres, afin de se porter rapidement sur tel ou tel point suivant les circons-
tances.

Hugues, comte de Provence, qui prenait le
titre de roi d'Italie, et l'empereur Othon, firent

de vains efforts, le premier en 942, et le second en 956, pour s'emparer du Fraxinet.

Ce ne fut qu'en 970 que les Sarrasins, ayant été vaincus dans divers combats, furent assiégés dans leurs fortifications du Fraxinet par Guillaume Ier, comte de Provence, ayant à sa suite une armée assez nombreuse, et plusieurs seigneurs provençaux, parmi lesquels on remarquait Gibalin de Grimaud.

Les Sarrasins cernés dans leurs positions, ayant appris que les troupes qui, de l'intérieur des terres, étaient venues à diverses reprises pour les délivrer, avaient été battues, et désespérant de recevoir des secours du côté de la mer, profitèrent de l'épaisseur des bois et de l'obscurité de la nuit pour abandonner le Fraxinet. Ils allèrent se réunir à quelques corps de leurs troupes qui tenaient la campagne dans la Provence. Ils firent un appel solennel à tous leurs soldats, et leur armée alla camper et se fortifier au village de Tourtour, à dix lieues du Fraxinet. C'est là qu'ils furent joints par les troupes du comte Guillaume.

On se battit de part et d'autre avec acharne-
ment ; les Sarrasins, après une longue résis-
tance, furent complétement défaits.

Le résultat de cette grande bataille fut l'a-
néantissement de la domination des Sarrasins
dans le midi de la France.

Les vainqueurs, pour rappeler le souvenir
de la destruction des Sarrasins, élevèrent sur
le lieu même du combat une tour que les habitants conservent religieusement et qu'ils
montrent avec orgueil aux voyageurs.

Pour récompenser les services et la valeur
de Gibalin de Grimaud, le comte Guillaume
lui donna les terres qui se trouvaient au-dessus du golfe Sambracitain, et il voulut que, dé-
sormais, ce golfe fût appelé le golfe de Grimaud. C'est le nom qu'il porte encore aujour-
d'hui.

Voici ce qu'on lit dans un ancien auteur sur
le sort qui fut réservé aux prisonniers : « On
» donna la vie à tous ceux de cette nation
» qui abjurèrent le mahométisme pour se

» faire chrétiens : mais on passa au fil de
» l'épée tous les hommes capables de porter
» les armes, qui refusèrent de se faire instruire
» dans la religion chrétienne. Pour les enfants,
» on eut soin de les élever dans la foi. Les
» femmes et les vieillards furent vendus
» comme esclaves suivant les lois romaines.
» Les chroniques et les vieux actes de notre
» province nous apprennent que les Sarra-
» sins devinrent les esclaves des chrétiens
» dont ils avaient été si longtemps la terreur. »

Les bois situés le long des côtes de la Méditerranée, où les Sarrasins qui n'avaient pas été
faits prisonniers s'étaient réfugiés, dans l'espérance de regagner l'Afrique, et où ils furent
poursuivis et exterminés par les habitants,
portent encore aujourd'hui le nom de *Bois-des-
Maures*.

On attribue aux Sarrasins, établis en Provence, l'art d'exploiter le chêne liége et l'art
d'extraire du pin maritime, très-commun dans
ces contrées (1), la résine réduite à l'état de

(1) M. Reinaud, *Invasion des Sarrasins en France*,
p. 297.

goudron et servant à calfater les navires. On assure qu'ils nous apportèrent de l'Afrique le blé noir, autrement appelé *blé-sarrasin.*

Chose singulière et qui mérite de fixer notre attention!!..... nous voyons au milieu du ixe siècle les Sarrasins du nord de l'Afrique faire une irruption sur les côtes de France, et être tellement frappés de la richesse et de la fertilité du sol, qu'ils renoncent à l'Afrique pour s'établir militairement dans la Provence et les pays voisins où ils exercent leur domination pendant près de cent cinquante ans... et aujourd'hui, c'est nous qui, séduits par les avantages que nous croyons trouver dans la fécondité du sol africain, voulons nous livrer à toutes les chances de la colonisation.

Depuis le pillage et l'incendie de Fréjus par les Sarrasins, cette ville n'a pu recouvrer son ancienne splendeur. Sa population est réduite aujourd'hui à trois mille âmes environ. Une partie de son territoire, aussi vaste que fertile, ne peut être mise en culture faute de bras. Un ouvrage imprimé en 1729 fait de la décadence de Fréjus le tableau suivant :

« Les orangers, les grenadiers sont com-
» muns dans ce territoire, et les pâturages
» très-bons. Il produit du froment, du vin et
» de l'huile. Les forêts qui sont au nord de Fré-
» jus, sont très-utiles pour la construction
» des maisons et les bâtiments de mer. Le sol
» était riche sous l'empire des Romains. Le
» malheur des temps ayant enlevé la plupart
» des cultivateurs, ce beau territoire languit
» en plusieurs endroits. »

Personne n'ignore que la Corse, dont la température est à peu près la même que celle de l'Afrique, avait, il y a plusieurs siècles, une population beaucoup plus considérable que celle d'aujourd'hui.

Les partisans de la colonisation invoquent l'exemple de l'Angleterre dans l'Inde. Cet exemple est on ne peut plus mal choisi. La Compagnie de commerçants qui gouverne l'Inde n'a ni changé, ni modifié l'agriculture existante. Pour éviter toute innovation, pour

prévenir toute difficulté, elle a, dès le principe, défendu aux Anglais d'acquérir des propriétés ; elle a pris le pays comme elle l'a
trouvé ; elle n'a pas appelé des étrangers à la
culture des terres ; en un mot, elle n'a rien
colonisé. Elle s'est bornée à exiger des taxes
et des tributs. C'est une compagnie de commerçants dont la mission, contraire au titre
qu'elle porte, a été de lever l'impôt sur le pays
anquel elle a fait reconnaître sa souveraineté ;
et l'on peut dire avec vérité qu'elle a laissé de
côté le commerce pour ne s'occuper que de la
perception de l'impôt.

Nous aurons bientôt occasion, dans le chapitre suivant, d'invoquer, au contraire, le système anglais, comme devant servir à éclairer le
Gouvernement pour l'administration de nos
possessions africaines, précisément parce que
l'Angleterre n'a fait acune colonisation dans le
sens attaché à ce mot, sous le rapport de l'agriculture.

Quelques personnes ont voulu comparer la
colonisation de la Régence avec celle de l'A-
mérique ; mais il y a là des différences tellement

graves , qu'il suffit de les indiquer pour prouver que la moindre comparaison ne saurait
exister.

L'Amérique est couverte de forêts d'une immense étendue. Le bois est le premier et le
plus puissant moyen de colonisation. Des fleuves, des rivières, des cours d'eau , servent
partout à féconder le sol et à établir de rapides
communications. Une population de quatre ou
cinq cent mille Indiens sauvages , vivant du
produit de la chasse , était répandue sur le
vaste sol de l'Amérique. Les colons n'avaient
qu'à se présenter pour refouler ce peuple chas-
seur que cachaient et que protégeaient quinze
cents lieues de forêts.

Dans la Régence, il n'y a ni bois ni grands
fleuves. Les rivières sont sans eau, pendant
l'été, c'est-à-dire dans le temps des irriga-
tions. La population arabe est sept ou huit
fois plus considérable que la population in-
dienne, et surtout plus intelligente, plus au-
dacieuse et plus téméraire.

Ce que les partisans de la colonisation ont

de mieux à faire, dans l'intérêt de leur système,
c'est de nous prouver que les produits de nos
possessions africaines ne sont pas les mêmes
que ceux de la métropole; que les sacrifices
que la colonisation nous imposera, nous déli-
vreront des tributs que nous payons à l'Inde et à
l'Amérique; mais si, pour nous exciter à nous
jeter dans les dépenses énormes et incalcula-
bles de la colonisation, soit civile, soit militaire, on nous fait entrevoir, qu'après avoir
vaincu mille obstacles et traversé mille difficultés, nous obtiendrons du blé en abon-
dance, du vin en grande quantité, de la soie,
de l'huile, du bétail, le plus simple agriculteur
de nos provinces ne pourra s'empêcher de faire
les réflexions suivantes : « Pourquoi ne pas
» donner, pour tous ces sacrifices en argent,
» pour toutes ces cultures, la préférence à la
» France, qui a encore tant de terres en fri-
» che, et qui, en faisant faire quelques pro-
» grès à son agriculture, pourrait facile-
» ment doubler tous ses produits? Pourquoi
» tant de dépenses et tant de chances à
» courir pour arriver, en résultat, à une si-

» militude de produits qui doit, inévitable-
» ment, créer à la métropole, en récompense
» de tant de sacrifices, une redoutable con-
» currence?... Et encore, si la colonisation
» allait s'opérer sur un sol où un petit nom-
» bre d'indigènes, facilement refoulés dans
» un espace incommensurable, abandonnent
» le rivage aux conquérants et fuient devant
» eux ! Mais on sait, depuis longtemps, que
» l'Arabe, insaisissable dans sa fuite, reparaît
» bientôt pour se livrer au pillage et à la dé-
» vastation. »

M. le général Bugeaud était sous l'impres-
sion de ces vérités lorsqu'il signalait, dans
son mémoire sur Oran, les graves et nom-
breuses difficultés dont la question de colonisation est hérissée.

..... « Il ne faut pas se dissimuler, dit-il,
» qu'il n'y a rien de si difficile que de colo-
» niser en Afrique. Le climat, la nature du
» sol, la rareté des eaux, l'absence totale de
» bois de construction, le caractère guerrier
» et pillard des indigènes, sont des obstacles
» immenses.... »

Aussi, paraît-il présenter son projet de colonisation, non point comme le meilleur parti à suivre, mais comme comme le moins mauvais, en ayant soin de nous avertir qu'il faut bien essayer de quelque moyen, *puisque la France est condamnée à conserver et à coloniser Alger.*

La conservation et la colonisation sont deux questions distinctes. L'Angleterre nous prouve, depuis longtemps, que l'on peut, et même que l'on doit conserver un pays conquis, sans le coloniser.

C'est là une question relative au système d'administration. Nous en dirons quelques mots dans le chapitre suivant.

CHAPITRE IV.

SYSTÈME D'ADMINISTRATION.

Lorsque l'Angleterre s'empara de l'Inde , ou plutôt, lorsqu'une grande compagnie de commerçants l'exploita à son profit , les Indiens conservèrent leurs lois , leurs usages , leurs mœurs, leurs propriétés , leur religion.

La souveraineté fut exercée par la compagnie anglaise, qui se réserva le privilége du commerce et des échanges des produits anglais avec les produits indiens ; plus tard, elle modifia ce privilége et finit par y renoncer.

Les Espagnols, dit Montesquieu, *regardèrent les terres découvertes comme des objets de conquête : des peuples plus raffinés qu'eux trouvèrent qu'elles étaient des objets de commerce ; et c'est là-dessus qu'ils dirigèrent leurs vues. Plusieurs peuples se sont conduits avec tant de sagesse qu'ils ont donné l'empire à des compagnies de négociants qui, gouvernant les États éloignés uniquement pour le négoce, ont fait une grande puissance accessoire, sans embarrasser l'État principal.* (Esprit des lois, liv. XXI.)

Il fut défendu aux Anglais d'acquérir des propriétés, et, jusqu'à ces derniers temps, les Indiens avaient seuls la faculté de posséder des terres ; encore la charte renouvelée en 1833, en faveur de la Compagnie des Indes, ne renferme-t-elle que quelques légères modifications.

Les Anglais n'ont pas colonisé les Indes Orientales ; ils n'ont pas imposé leur agriculture à ces vastes contrées dont les productions

étaient les mêmes, avant comme après la conquête. On a dit fort judicieusement que les
Indes, pour les Anglais, étaient une possession
plutôt qu'une colonie.

C'est à ces sages mesures que sont dues, tout
à la fois, la conservation de la conquête et la
prospérité de la Compagnie des Indes.

Le Gouvernement français comprend aujourd'hui tout l'avantage qu'il peut retirer d'un
tel système, puisqu'après la prise de Constantine, il a défendu aux Français d'acquérir des
terres dans cette province.

Si nous avions dit aux Arabes : A vous les
terres, à vous les produits du sol ! Dieu a voulu
que nous fussions vos maîtres par la conquête, vous nous paierez le tribut, vous con-
serverez vos mœurs, vos coutumes, vos lois,
vos croyances religieuses, vos magistrats. C'est
à nous qu'appartiennent la souveraineté et la
puissance. Les places fortes et toutes les positions militaires seront dans nos mains; vous
serez sous notre protection, tant que vous
reconnaîtrez nos droits, et que vous rem-

plirez les devoirs auxquels votre situation vous oblige. Une répression prompte et sévère suivra la violation des engagements que nous nous imposons. Nous avons succédé aux Turcs ; vous nous paierez le tribut qu'ils exigeaient de vous : nous serons à votre égard plus justes qu'ils ne l'ont été...

Croyez-vous qu'à l'exemple de l'Angleterre, cette séparation complète entre les vainqueurs et les vaincus, quant à la possession du sol, n'aurait pas eu des résultats plus heureux que ceux que nous avons obtenus jusqu'à ce jour?

Croyez-vous que ces peuples accoutumés au joug cruel et despotique des Turcs n'auraient pas payé exactement les tributs auxquels nous les aurions soumis?

Les rapports qu'ils auraient eus avec nous leur auraient donné confiance dans notre justice, dans notre force, dans notre fidélité à remplir nos engagements, et auraient peu à peu effacé les préventions que leur inspirent les peuples chrétiens.

Alors, point de questions de douanes, point de craintes dans l'avenir, relativement à la similitude des produits et à la concurrence des producteurs de la Régence avec les producteurs français.

Tous les intérêts auraient été conciliés, tandis qu'avec le système suivi depuis 1830 jusqu'à ce jour, la lutte naîtra du moment où la colonisation aura triomphé des obstacles qu'elle éprouve.

Vainement objecterait-on que les douanes serviront de barrière pour protéger les producteurs français.

C'est là une erreur.

Les colons ne manqueront pas de vous tenir ce langage : « Nous sommes, comme vous, les enfants de la France ; nous payons des impôts mobiliers, fonciers, des patentes, etc..... sur le sol africain. Nous alimentons de nos deniers le trésor de la mère-patrie....... Vous ne pouvez pas nous assimiler, pour nos blés, pour nos laines, pour nos vins, pour nos huiles, aux producteurs de la Crimée, aux peuples de l'Espagne et de l'Italie, aux commerçants de Tunis. Il faut établir, dans la perception des droits, une différence entre nous et ceux qui sont étrangers à la France ; il faut, en notre faveur, abaisser la barrière des douanes et modifier les tarifs......

Ces réclamations seront adressées d'une manière pressante : elles seront renouvelées jusqu'à ce qu'elles soient accueillies. Elles finiront par l'être.

La Commission d'Afrique proposait, pour certaines denrées, la réduction d'un dixième Nous avons déjà cité le rapport d'un honorable pair qui voulait qu'on fît d'Alger, non pas une colonie, mais une province, dans le sens que les Romains donnaient à ce mot, et qu'on y jetât les bases d'une nationalité future.

L'on a présenté aux Chambres des pétitions dans lesquelles on demande qu'Alger forme notre quatre-vingt-septième département.

Voici, au reste, comment s'exprimaient des colons d'Alger, devant la Commission d'Afrique : « *En législation comme en politique, tout ce* » *qui tendra à faire cesser les distinctions entre*

» *la France et Alger, et à regarder ce dernier*
» *comme un département français,* aura toujours
» l'assentiment des colons. Ce but, objet de
» toutes leurs espérances, ils s'efforceront de
» l'atteindre, même au prix des sacrifices les
» plus grands (1)...... »

Le jour où les produits venant d'Alger ob-
tiendront une réduction dans nos tarifs de
douanes, il est certain que tous les produits
similaires des pays étrangers nous arriveront
du port d'Alger. Comment pourrait-on re-
pousser les denrées que les Arabes apporte-
raient de l'intérieur de l'Afrique?..... Il faudrait établir une ligne de douanes sur le littoral, et une seconde ligne dans l'intérieur des
terres. Ces deux lignes de douanes ayant environ cinq cents lieues d'étendue, outre qu'elles
grèveraient le Trésor de dépenses considérables, seraient impuissantes pour s'opposer à
l'introduction frauduleuse des céréales, des
bestiaux, des vins, des huiles, des laines
et des autres produits.

(1) Proc.-verb. de la Comm., p. 173.

5

La Commission d'Afrique s'exprimait, à cet égard, de la manière la plus précise dans son rapport sur les douanes. « Comment, disait-
» elle, espérer, même au prix de la surveil-
» lance la plus intelligente et la plus coûteuse,
» d'empêcher la contrebande, qui ne ren-
» contrera nulle part les facilités que lui of-
» frent à Alger, sur le littoral, l'étendue des
» côtes et à l'intérieur, l'impossibilité d'exer-
» cer une autorité réelle sur les tribus éloi-
» gnées. »

Il y aurait, en effet, tant de provocations à la contrebande, et tant de chances de succès dans un si vaste rayon, qu'il serait inutile de tenter de la réprimer.

C'est alors que seraient altérées les sources du revenu public, et que le Trésor verrait diminuer les produits des douanes.

Toutes ces observations sont puisées dans la nature des choses; elles prouvent que la protection accordée par notre système de douanes deviendrait illusoire, et qu'une concurrence

ruineuse pour les producteurs français dimi-
nuerait la valeur de leurs denrées.

Le plus sûr moyen de prévenir et d'éviter
de semblables inconvénients, c'est de ne pas
faire courir au Gouvernement les chances onéreuses d'une colonisation civile ou militaire;
c'est de suivre, en Afrique, l'exemple des Anglais dans l'Inde.

Ce système d'administration n'obligerait pas
la France à un si grand déploiement de
forces et entraînerait la réduction de notre
armée d'occupation qui s'élève à près de
cinquante mille hommes, lorsque le nombre
des Français non militaires, dans toute l'é-
tendue de la Régence, n'est que de dix mille
environ.

Les Turcs, au nombre de huit mille seulement, ont, pendant des siècles, gouverné la
Régence d'Alger. Une répression instantanée
suivait la désobéissance et la rébellion. Le plus
profond mystère et la plus grande rapidité
d'action présidaient à leurs opérations. On
pourrait obtenir tous les avantages du système

ture en écartant les inconvénients que leur régime oppressif entraînait après lui. Les Turcs auraient pu coloniser la Régence et se mettre à la place des indigènes. Leurs mœurs, leur croyance religieuse leur en donnaient la facilité ; ils ne l'ont pas voulu et se sont bornés, après s'être emparés de toutes les positions militaires, à exiger les impôts, à tirer habilement parti des rivalités et des divisions qui existaient parmi ces tribus nomades, dont les chefs avaient conservé sur elles une sorte d'influence féodale. Si les Turcs fussent devenus propriétaires du sol, il y aurait eu, entre eux et les Arabes dépossédés, une guerre acharnée et interminable, et leur domination n'aurait pas traversé des siècles. Le nombre de leurs soldats n'était pas la sixième partie de ceux que nous avons actuellement en Afrique, et cependant ils régnaient sur une bien plus grande étendue de pays que nous. Les Turcs ne s'étaient emparés que du gouvernement. Ils étaient restés tout à fait étrangers à la culture des terres.

Ce système avait en lui un principe de force

et de vie, puisqu'il a existé pendant trois cents ans.

Si l'on prétendait que la différence de religion élèvera toujours une barrière infranchissable entre nous et les Arabes, nous répondrions en citant encore l'exemple de l'Inde, où plusieurs castes suivent la religion de Mahomet et n'en sont pas moins soumises aux Anglais, en acquittant exactement les tributs et les impôts.

Il est des gens qui croyent avoir tout dit lorsqu'ils se sont écriés. « Il faut coloniser » Alger. Tous ceux qui repoussent la coloni- » sation demandent par cela même l'aban- » don. Pourquoi discuter sur des systèmes ?... » il n'y en a pas d'autre que celui de la colo- » nisation..... »

La moindre objection est écoutée avec impatience. On ne comprend ni les intérêts, ni l'honneur, ni la gloire de la France, si l'on manifeste le plus léger doute sur le brillant avenir que les partisans ardents de la colonisation réservent au sol africain..... Quelles que soient vos protestations sur la conservation de la conquête, on vous place tout de suite dans ce dilemme.

Ou vous êtes pour la conservation, ou vous êtes contre.

Dans le premier cas, vous ne devez mettre aucune limite à la colonisation, car, sans la colonisation, la Régence serait onéreuse à la France.

Si vous désirez, ajoute-t-on, l'abandon d'Alger, on comprend que vous portiez le découragement dans l'esprit de ceux qui veulent rattacher nos possessions à la France, et créer en agriculture des intérêts nouveaux tellement importants que la Régence deviendra une province française.

Voilà la question sur laquelle nous ne pouvons être d'accord et que nous n'accepterons jamais si elle est placée en ces termes.

Nous pensons, au contraire, que la plus forte preuve que nous voulons sincèrement la conservation d'Alger, c'est que nous discutons avec loyauté et conscience sur le système le plus utile et le moins onéreux pour assurer notre possession ; nous pensons que c'est précisément la colonisation qui rendra Alger plus onéreux à la France. Nous pensons enfin que ceux qui veulent franchement concilier la conservation d'Alger avec les véritables intérêts de la France, doivent désirer que l'occupation soit peu dispendieuse et que le sol africain soit cultivé par les indigènes.

Si vous ne laissez pas cultiver le sol aux Arabes, vous verrez peu à peu le pays se dépeupler et les habitants émigrer pour passer à Abd-el-Kader.

La colonisation entraînerait après elle tant de dépenses qu'elle ne pourrait jamais indemniser la France des sacrifices qu'elle s'imposerait, puisque ces sacrifices n'aboutiraient (ainsi que nous l'avons prouvé) qu'à donner à la métropole des produits qu'elle possède déjà.

Il entre dans un bon système d'administration de s'entourer de renseignements positifs, de dissiper toutes les illusions, de prévoir et de calculer autant que possible tout ce que la possession d'Alger peut entraîner après elle de charges et d'avantages pour le pays.

On cesse d'être surpris de l'accroissement successif de nos dépenses en Afrique lorsque l'on compare le rapport de la Commission d'Afrique, en 1833, sur l'évaluation de nos travaux dans la Régence, avec le discours de M. l'Intendant civil d'Alger en juin 1838.

« On évalue, dit la Commission, les tra-
» vaux à une vingtaine de millions qui seront
» répartis entre plusieurs années. Or, nous dé-
» pensons aujourd'hui 25 millions pour les be-
» soins ordinaires. Ce sera sans doute 30 mil-
» lions à peu près pendant quelques années,
» avec *décroissance progressive*. Avec cette dé-
» pense, nons aurons non-seulement créé
» une colonie, mais encore une excellente
» école pour la marine et pour l'armée (1). »
Dieu sait de combien de millions et de mil-

(1) Comm. d'Af. ; rapport sur la colonisation, p. 374.

lions les prévisions de la Commission ont été
et seront dépassées, et de quelle manière a eu
lieu la *décroissance progressive.*

Certes, il ne viendra à l'esprit de personne
de croire que la Commission ait volontaire-
ment dissimulé une partie des dépenses que
devaient occasionner les travaux extraordi-
naires. Il y a eu seulement erreur de sa part
dans l'évaluation de 1833.

Mais il paraît qu'il n'en a pas été de même
dans les évaluations qui ont été faites posté-
rieurement. M. l'intendant civil d'Alger ne
laisse à cet égard aucune espèce de doute.

« Si tous les hommes qui ont été au pou-
» voir, dit M. l'intendant civil, venaient vous
» expliquer franchement leur pensée à cette
» tribune, vous apprendriez d'eux que, cons-
» tamment effrayés des besoins qui se révé-
» laient en Afrique, ils ont été les premiers
» à réduire les propositions des dépenses ; que
» constamment ils ont proportionné leurs
» demandes non pas à l'étendue des besoins,
» mais aux facilités qu'ils trouvaient à les

» faire adopter par les Chambres...... tou-
» jours, je le répète, les demandes ont été
» au-dessous des besoins..... »

Eh bien ! ce sont là de graves inconvénients. Le Gouvernement doit prendre des mesures pour qu'ils ne se reproduisent plus à l'avenir. Le pays qui supporte les charges a droit de connaître toute la vérité.

Il faut éviter les exagérations, quelles qu'elles soient, et envisager la question d'Afrique avec calme et sang-froid. Il est reconnu, d'un côté, que l'on a fait un tableau hyperbolique de la fertilité du sol africain, et qu'on avait d'abord pensé que les produits étaient les mêmes que ceux des Indes. *Chaque année*, ainsi que l'a dit judicieusement M. le général Bugeaud, *est venue déchirer quelques pages du conte oriental.*

D'un autre côté, on a dépeint sous des couleurs trop sombres la température de l'Afrique, et le discours de M. le Ministre de la guerre n'était pas exempt d'une certaine exagération, lorsque, dans la séance du 20 avril 1838, M. le

Ministre faisait du climat de la Régence le tableau suivant :

« ..... J'avoue, disait-il, qu'il est excessi-
» vement difficile de préciser l'époque, la sai-
» son à laquelle une expédition doit être faite
» en Afrique; qu'elle se fasse au printemps,
» en été, en automne ou en hiver, chacune
» de ces saisons peut être fatale, dans des cir-
» constances données, à une armée. »

« Si l'expédition se fait en hiver, les pluies.

« Mais on dit : Il faudrait la faire en avril.
» J'avais regardé le mois d'avril comme pouvant
» être très-favorable. Eh bien ! dernièrement il
» a été excessivement pluvieux, et il eût été
» impossible d'opérer.

» On m'a dit en été, parce qu'alors on peut
» menacer les Arabes de brûler leurs moissons,
» imposer aux Arabes. Mais on ne trouve pas
» d'eau. On peut mourir de soif. Nos malheu-
» reux soldats peuvent être frappés par le so-
» leil, et en effet, on a vu, pendant l'expédition
» du général Bugeaud, des hommes frappés sur
» le terrain.

» En automne, dit-on encore, à l'époque

» où les silos sont remplis, où l'on trouve des
» vivres partout : mais c'est la saison des fiè-
» vres. Votre armée peut être décimée par les
» fièvres. »

Près de vingt ans auparavant, Napoléon
sur son rocher de Sainte-Hélène, jugeant l'expédition de Lord Exmouth, manifestait sur la
Régence une opinion que nous ne pouvons ad-
mettre et qui prouve que ce grand homme se
trompait sur les avantages que peut offrir la
possession de l'Afrique septentrionale.

« Je suis d'avis, disait Napoléon au docteur
» O'Méara, que l'expédition de lord Exmouth
» était très-mal combinée; vous couriez le
» risque d'être battus par les Barbares et de
» perdre deux ou trois bâtiments, même étant
» victorieux. Vous avez perdu mille hommes
» en tués ou blessés et cinq ou six de vos bâ-
» timents ont été abîmés. Or, la vie et les
» membres de mille braves matelots anglais
» ont plus de prix et sont d'une plus haute
» importance que la totalité des États barba-
» resques (1). »

(1) *Napoléon en exil à Sainte-Hélène*, par le docteur O'méara ; édition de 1822, tom. I, p. 180.

L'expérience de huit années nous a appris que, dans la question d'Afrique, les partisans de la colonisation ont exagéré la nature et l'importance des produits que nous pouvons retirer de la conquête, tandis que les adversaires de l'occupation ont diminué les avantages que la France peut en retirer, à l'aide d'une habile et prévoyante administration.

Au milieu de tant de contradictions, il y aura sagesse de la part du Gouvernement à peser, à concilier tous les intérêts, à combiner, à calculer les résultats du système auquel il donnera la préférence, puisqu'il possède seul tous les documents qui peuvent éclairer cette vaste question.

EN RÉSUMÉ,

Il serait à désirer qu'on suivît, à l'égard d'Alger, le système qu'on vient d'adopter pour Constantine.

Il faudrait être étranger à tout principe d'économie politique, et ne tenir aucun compte des leçons de l'expérience, pour soutenir qu'il est de l'intérêt de la métropole de produire lentement et à grands frais, dans une de ses colonies, ce que plusieurs départements de la France peuvent produire plus rapidement, avec plus de sécurité et à meilleur compte; de sorte qu'on serait fondé à dire que la métropole cherche, en aggravant sa situation financière, à se créer une concurrence ruineuse sous tous les rapports.

Tous nos vœux seront remplis si la promesse faite par le Gouvernement, dans la séance du 6 juin 1838, se réalise, et s'il sort de la conquête, ainsi que l'a dit M. le Président du conseil, *un établissement utile et productif pour le pays.*

C'est là, nous ne saurions le dissimuler, une entreprise qui est hérissée de difficultés. Tous les bons citoyens doivent prêter leur concours au Gouvernement pour qu'il puisse les surmonter.